SOL DE OTRO ESPACIO

Carlos Murciano

SOL DE OTRO ESPACIO

ARS POETICA

Carlos Murciano

SOL DE OTRO ESPACIO

Prólogo de
Federico Gallego Ripoll

colección
| Beatus Ille |

ARS POETICA
boutique de poesía

Sol de otro espacio
CARLOS MURCIANO

Colección:
BEATUS ILLE

Dirección editorial:
Ilia Galán

Diseño y maquetación:
EЯA | ALTA RESOLUCIÓN EDITORIAL

EntreAcacias, S.L.
[Sociedad editora]
c/Covadonga, 8
33002 Oviedo - Asturias (ESPAÑA)
info@arspoetica.es | pedidos@arspoetica.es

1ª edición: febrero, 2025

ISBN: 978-84-18536-72-4
Depósito Legal: AS 01720-2024

Impreso en España/*Printed in Spain*
Impreso por Podiprint

Haz de la poesía un sol de otro espacio,
pero tuya su lumbre.

C.M.

Prólogo de
Federico Gallego Ripoll

ESTA LARGA JORNADA

El soneto es de por sí un lenguaje específico que requiere del pulso de un tallador de gemas, la sutilidad de un neurocirujano y el oído de un lutier; es decir: inteligencia poética. Cada época contempla a pocos maestros en este ajustado arte y, sin duda, aquí nos encontramos ante uno de los más precisos y completos de la nuestra.

Carlos Murciano domina literariamente muchos registros, pero en todos ellos es la voz del poeta la que muestra su índice señalando el camino. Su fértil carrera, su acendrada sabiduría emboscada en una aparente facilidad para engarzar ritmo, rima, propósito y alcance, y su perseverante insistencia en la belleza y el compromiso, se vienen prodigando desde 1954, con la vital tozudez del mar o de las estaciones. Habla en soneto casi desde el vientre de su madre, y quizás, de entre los muchos idiomas poéticos de los que es nativo, sea en soneto donde más a gusto ejecuta su suerte natural, aun sin muleta, engaño o palitroque, como un forcado que bien sabe desde dónde saltar y en qué apoyarse. Ése es el triunfo de su trabajo y su honestidad, que trueca en sencillo lo que es consecuencia del rigor y la lúcida vigilia. Cazador bien cazado, una y otra vez transforma su destreza en ingenio de cuya concreción disfrutamos, pero también en pensamiento y sorpresa, pues nos lleva en cada poema por donde quiere, hasta el volapié final, remate de emoción, sentido y eficiencia, al que nos entregamos. Qué hacer si no.

Y es el soneto nuevamente, en este *Sol de otro espacio* que ahora nos presenta, el vehículo elegido para confiarnos, partiendo de una cita de Petrarca -«Cosa bella e mortal pasa e non dura»- lo más reciente de su inspiración, que es compendio de todo y profecía de todo nuevamente. Porque cada texto, que es término en sí mismo, puede también ser comienzo de una nueva etapa, que el poeta, mientras siga escribiendo poemas de amor como los aquí reflejados, es tan eterno como ese amor que, bien sabemos, es siempre quien nos marca las horas del avance y la pausa.

Carlos Murciano me comenta, amagando, que *Sol de otro espacio* será su último libro, que con él pretende dar por concluida esta larga jornada de su poesía; más de setenta años: un soplo, una hoja cayendo, una gota de agua dulce, compendio de toda una existencia de creación sin pausa. Quizás por eso ha dado en pronunciar en soneto este autorretrato extendido que tan bien le dibuja, con tanta justeza y contención exquisitas.

En la claridad de estos cincuenta y dos sonetos que constituyen ese *otro espacio* para su propia lumbre volcada sobre la nuestra, que han sido repartidos en dos secciones, advertimos en la primera de ellas al amor como casi exclusivo protagonista, mientras que en la segunda son la reflexión sobre el tiempo, la memoria, el despojamiento y la metafísica del ser que se es mientras se ama o espera, los temas atendidos. Nuestro autor no necesita sorprender, no intenta ser el primero de la clase, sólo deja latir la luz de su lenguaje, ya no potro ni vértigo, ya no torrente, sino fluido sosegado que discurre en la piedad de saberse plácidamente acogido por las palabras en un andar del brazo poeta y poesía, como viejos amigos o amantes que se estiman tanto por la pasión como por los achaques.

Nada hay que demostrar. He aquí un poeta. Carlos Murciano o la perseverancia de la fuente. Carlos Murciano o la exacta matemática de las esferas. Carlos Murciano o el don ingrávido del sólido cimiento transparente sobre el que se construye una poesía tan leve y útil, tan poderosa y ligera, como los huesos de las alas de un jilguero.

Un lugar donde la vida se encuentra a gusto: esa es la poesía de Carlos Murciano. Y en ese lugar que es su ámbito de introspección y altura, sobre otros muchos, también en esta ocasión, tres lugares que son aliento sostenido del autor y su sombra: el mundo como lugar de la experiencia; el amor como lugar de la armonía; Dios como lugar de la esperanza. Los tres lugares de un hombre que hila desde su rueca la fibra que sostiene en equilibrio la bifronte certeza de la poesía y el tiempo. Leemos asombrados la juventud madura que emana de estos versos. Poesía en diástole, espiral de retorno, acaso tanto: más de setenta años de inspiración y esfuerzo andados, desandados, y vueltos a emprender. Más de setenta años acompañando a un ángel; apenas nada: un minuto de Dios en el año del mundo. Todavía.

1

CON UN VERSO DE PETRARCA

Cosa bella e mortal passa e non dura.
Pero antes de pasar, estuvo aquí.
Tú, por ejemplo, fuiste para mí
como una misteriosa asignatura.

Decía de tu alma y tu figura.
Te estudié con tesón, y te aprendí.
Ahora en silencio, rememoro así
los secretos de tu literatura.

Yo suponía que los dominaba.
Pero fue un día, mientras te estudiaba,
cuando asumí tu esencia y tu verdad.

Eras más soñadora y decidida,
y minuciosamente construida
para llenar de ti mi soledad.

DILEMA

«El pulpo es el único animal
que tiene tres corazones».

(De la prensa)

Si pudiera tener tres corazones
como el pulpo de las profundidades,
¿aliviaría así mis soledades
o aumentaría mis desilusiones?

Tres corazones, firmes eslabones
que no encadenarían libertades,
pues esto de alcanzar ciertas edades
te permite imponer tus condiciones;

o, al menos, formular unas preguntas:
¿estas tres piezas estarían juntas
o querrían latir por separado?,

¿triple el amor para mi sola amada,
o tres bellas amantes, una en cada
puerto por el que hubiera navegado?

EXPLICA EL POETA CÓMO EL PASO DE LOS AÑOS NO DEJA HUELLA EN LOS AMANTES

Amándonos, el tiempo ya no existe.
Miro los calendarios y sonrío.
Los años son el agua de su río
que ni fluye ni moja, pero insiste.

Sigue, no cede nunca. Se reviste
con túnica de oro y señorío.
O de harapos. Es un escalofrío,
un despertar alegre, un sueño triste.

Aunque, mira, a nosotros no nos toca.
Tengo tus manos, tienes tú mi boca,
y el tiempo va pasando y no lo vemos.

Sus huellas no nos dañan, son espuma,
humo, sombra, neblina, nada en suma,
y mientras que se aleja, nos queremos.

LAS HORAS MUERTAS

Las horas que no estás son horas muertas.
Pasan con pie de felpa y algodón.
Ni siquiera se oyen, sólo son
páginas blancas, soledades yertas.

Las empujas creyendo que son puertas
que dan a algún jardín, a un gran salón
o a una amorosa desesperación.
No cederán, jamás serán abiertas.

Son horas de un reloj que ya no existe.
Y aunque un día existió, se puso triste
porque tú no llegaste, y se paró.

Quiere volver a ser lo que ya fuera,
pero no lo consigue, y desespera.
Tú sabes bien que ese reloj soy yo.

PLAYAS

Tú llegaste a mí cuando me voy.

De *Candilejas*

Ese candil que ahora está encendido
y al ritmo de su llama parpadea,
acaso sirva, cuando yo no sea,
para que alguien memore lo que he sido.

Al lado de un retrato desvaído,
en el que en una playa se me vea,
sereno, mientras sube la marea,
ese candil puede alumbrar mi olvido.

Tú llegaste hasta mí cuando me voy.
Pero dijiste «Espera, todavía
hay muchas playas que desconocemos».

Y me quedé contigo. Mira, hoy
andamos ésta de mi Andalucía,
y sube la marea, y nos queremos.

ESE CORCEL

La eternidad es corta para mi hambre de sueño.

Unamuno

Se ve que don Miguel estaba muy cansado.
No quiero eternidades, yo quiero estar contigo
sin demasiado sueño, despierto y al abrigo
de tu serenidad y tu cuidado.

El tiempo es como un potro sin rienda y desbocado
que nunca se detiene, cumplidor del castigo
que el Creador le impuso, como único testigo
del universo cruel por Él creado.

Universo infinito, devorador de estrellas,
en donde ni siquiera se dejan ver las huellas
de ese corcel en el que cabalgamos.

A salvo unos instantes de su galope fiero
–espacio inmensurable, infernal agujero–,
tú y yo, motas de polvo, nos amamos.

AMANECER

A bordo del `Seashore´

Mediterráneo azul. Se desvanece
la bruma del albor. Sigues dormida.
el sol le va ganando la partida
a la luna lejana. Y amanece.

Mengua el olvido y la memoria crece.
Estás al otro lado de la vida,
dentro del sueño, mientras, fiel, te cuida
la ola que te acuna y que te mece.

El mar está al alcance de mi mano.
Como tu cuerpo, cálido y cercano.
Dos notas de una misma melodía.

Abres los ojos y me ves. Sonríes.
Pero sé recelosa, no te fíes.
Puede que estés soñando todavía.

PERO NO

Solitario de ti, en la atonía
de la casa, me extraño de estar vivo,
y seguir respirando sin motivo,
hijo menor de la melancolía.

Hijo mayor de esta tristeza mía,
observo cómo, no rebelde, esquivo,
se inmoviliza el tiempo fugitivo
y ayer y hoy son el mismo día.

Porque las horas se desmoronaron
y los relojes, tímidos, callaron
y se olvidaron de su tictaqueo.

Y en mitad del silencio y su condena,
parece, al fin, que el aldabón resuena.
Y abro la puerta, pero no te veo.

EN LA MAÑANA CLARA

Sol manso y tibio en la mañana clara.
Otro día que empieza y que se irá.
Paseo por la casa. Ella no está.
Una larga distancia nos separa.

Reflexiono: ¿y si nunca regresara?
Me dijo «Volveré». Y volverá.
Estoy seguro: No me olvidará.
Aunque ¿y si fuera yo quien la olvidara?

Me cubre el manso y lento sol de octubre;
digo «me cubre», pero me descubre,
me desnuda delante de los otros

y desvela mis hondos sentimientos.
Borro de mi memoria estos momentos.
Nada se va a romper entre nosotros.

TE VAS

Hay dos maneras de propagar la luz:
ser la vela o el espejo que la refleja.

Edith Wharton

Te vas, y el mundo todo de pronto se oscurece.
El mundo del que hablo es el tuyo y el mío.
El otro, grande, enorme, tan lleno, tan vacío,
vaga en los altos cielos, gira y desaparece.

Digo que si te vas - ¿hacia dónde?- anochece,
y aquí, donde te espero hace duelo, hace frío,
hace silencio y luto, y estalla lo sombrío,
y lo que fuera nuestro ya no nos pertenece.

Pero entonces regresas, y en mi mano se posa
ese sol de otros días, esa luz armoniosa
que ayer era el olvido, que ayer estaba lejos.

Y todo se ilumina nuevamente contigo.
Ahora sé lo que soy, ahora sé lo que digo.
Para verme en tus ojos no necesito espejos.

DE LA LUNA

Con un verso de Lope

Te vas y me has dejado alunizado.
Ya ves, ando jugando con la luna.
Tú me dirás «No hay relación ninguna
entre ella y yo. Estás equivocado».

Pero no. Algunas veces ha llegado
cuando estoy más solo que la una
sin ti, y si me sonríe la fortuna,
se sienta en mi sillón. O en el de al lado.

En verdad, no es tan blanca ni tan fría
como en su cielo y en su lejanía,
sino cercana y tibia como un sueño.

Luna, milagro, melodía, clave
para que tú regreses, porque sabe
que aún tienen sal las manos de su dueño

HACE FRÍO EN LA CASA

Hace frío en la casa. Mayo miente.
Afuera brilla el sol, se ateza el cielo
y una paloma azul levanta el vuelo,
rumbo a la lumbrarada del poniente.

Pero dentro, en la casa, es diferente.
Como bolas de hielo, por el suelo
ruedan la soledad y el desconsuelo
y todo se hace nada. Indiferente,

al sol no le preocupa lo que pasa
en el alma aterida de la casa.
Alguien llama a la puerta con cautela.

Y abro, al par de esos golpes tan livianos,
y eres tú, que aún me quieres, y en tus manos
me traes unas briznas de candela.

EN VOZ ALTA

Me lees en voz alta. Ya se han ido
mis ojos de las páginas escritas.
Aún puedo ver algunas margaritas,
algún atardecer, algún vestido

de los que tú te pones y no olvido.
Buscas las gafas -ya las necesitas-
y con tu acento cálido recitas
poemas de un poeta conocido.

O míos, que escondiera mi memoria,
y que ya forman parte de esa historia
que en mis noches soñé con escribir;

pero ahora tu voz me los devuelve,
al mismo tiempo que tu amor me absuelve
del terrible pecado de vivir.

VIVO DONDE EL OTOÑO

Vivo donde el otoño ha dejado sus huellas:
un reflejo, unas hojas, un pedazo de olvido,
una calandria triste que ha perdido su nido,
un poniente difuso y un puñado de estrellas.

Pero, entonces, nosotros éramos semejantes:
brillábamos, serenos, en un cielo encendido.
Ahora esas estrellas han desaparecido
y creemos, a veces, que no somos los de antes.

Nos queda ese puñado que aún pulsa, y que la mano
del invierno derrama sobre nuestras cabezas,
a ver si nos alumbra y nos reconocemos.

Mira hacia el horizonte: ya no está tan lejano.
Deja atrás pesadumbres y sombras y tristezas.
Regresa a tu sonrisa de ayer, y caminemos.

CASI SOMBRA

Entre la voz y el olvido hay una mancha de ceniza.

M. C. Mestre

Llegas despacio, niebla, casi sombra,
entre la voz ligera y el olvido.
Abres la doble puerta sin ruido
y levitas, liviana, por la alfombra.

Entonces, el arcángel que te nombra
con un son de campana repetido,
te hace cuerpo rotundo y bendecido
y recupera tu memoria. Asombra

que esta liviana mancha de ceniza
apenas es materia y se eterniza,
y arde en tus ojos cándida y hermosa.

Y eres mi criatura imaginada,
mi muchacha de ayer tan esperada,
mi sola dueña, mi pequeña diosa.

DEL MAR Y TÚ

Dame un poco de agua, anda, amor mío.
El sol aprieta, y tengo sed de ti.
Pero tú no estás cerca, estás allí
donde el mar se hace dueño del estío.

El mar, que sintió un largo escalofrío
cuando dijo tu cuerpo «estoy aquí».
Y él, tan azul, calmó sus olas, y
por un momento se quedó vacío.

Lleno de ti, quiero decir, colmado
sólo de ti, doncel enamorado
celebrando la gloria de su suerte.

Y, entonces, tú nadaste hacia la orilla
y el dobló, entristecido, su rodilla
sabiéndose incapaz de retenerte.

LA GOTA

He dejado una lágrima sobre un cristal exento
y a su lado una gota de agua de la fuente.
No acierto a distinguirlas. No hay nada diferente
entre lo que es caudal y lo que es sentimiento.

Generoso y ajeno, arrebatado o lento,
cándido y rumoroso, va manando el torrente;
dócil y silenciosa, la lágrima inocente
sobre la piel escribe de amor y sufrimiento.

Pero no puede nadie entender su escritura:
puede nacer del hielo o de una calentura,
es un idioma propio, un mensaje cifrado.

Por eso, aunque me veas callando y comprendiendo
tus palabras de ayer aún me siguen doliendo.
Mira cómo sonríe un hombre desolado.

DE LA CONSOLACIÓN

Carmen vive en el siete, junto al cielo,
–más arriba que yo, naturalmente–
por eso, forma parte de esa gente
que te alivia la lágrima y el duelo.

Esa gente que sabe dar consuelo
no es como las demás, es diferente,
porque lleva una luz sobre la frente
y una sandalia que no pisa el suelo.

A Carmen, muchas veces, a la espalda
se le notan las alas de esmeralda
que le presta su ángel más amigo.

Y aunque las pliega bien cuando se sienta,
y hago como que no me he dado cuenta,
yo sé perfectamente lo que digo.

LEJOS

Los hombres tristes ahuyentan a los pájaros.

Piedad Bonett

Se ha posado a mis pies una avecilla.
Un segundo después, veloz, ha huido.
Está claro que en mí ha reconocido
al amador más triste de Castilla.

Paloma, gorrión, mirlo, abubilla,
picaza amarga, tórtola sin nido,
pinzón despierto, ruiseñor dormido,
calandria, alondra, lúgano, primilla,

criaturas de la música y el cielo,
si sabéis que la ausencia es desconsuelo
y la distancia amaina la belleza,

sabéis de sobra que el amor existe.
No os alejéis de mí por mi tristeza.
Cuando ella vuelva, ya no estaré triste.

DE AMOR AUSENTE

Canta el jilguero en la frondosa umbría.
Por su trino se nota que está triste.
Perdió a su compañera y se reviste
de soledad y de melancolía.

Recojo su canción y la hago mía.
Estabas a mi lado y me dijiste
que no te irías nunca, mas te fuiste
en silencio, y no has vuelto todavía.

Era de madrugada. Acaso vuelvas
una tarde de octubre y me devuelvas
el eco de tus pasos por mi calle.

Sabes bien que soy tuyo y que te espero,
pues el amor todo lo puede, pero,
por Dios, dile al jilguero que se calle.

ESE DÍA

21 de marzo

Se ha posado una urraca viajera
en la baranda gris de mi terraza.
¿Es urraca, picaza, picaraza?
Da igual cómo se llame. Es la primera.

Porque hoy comienza ya la primavera.
Anunciadora, pícara, se abraza
al sol que la ilumina y que la emplaza
a desplegar, heralda, su bandera.

Dicen que a las urracas las deslumbran
los objetos brillantes, y acostumbran
a robar y a gozarse en lo robado.

Yo vi brillar tus ojos ese día,
y los robé y los guardo todavía,
ladrón sin alas, pero enamorado.

MADRUGADA

Escucho al ruiseñor y lo oigo todo.

Paul Valéry

Escucho al ruiseñor y no oigo nada.
Todo está lunes, apagado y frío.
Esto que está pasando no es un río,
sino una silenciosa madrugada,

que fluye despaciosa y despiadada.
No tiene dueño, sólo su albedrío.
No tiene sueño, sólo su vacío
y un hombre que no escucha la llamada

del ruiseñor, doliente enamorado.
¿Quién de los dos, el ruiseñor o el hombre?
¿Quién se duele de amor, insomne y ciego?

Los dos tienen el pecho lastimado.
En el del ruiseñor no hay ningún nombre.
En el del hombre, sí, grabado a fuego.

ATARDECER CON MIRLO Y ARCÁNGEL

Canta el mirlo a la sombra de la casa.
Hay como una pulsión de primavera,
porque agosto atardece y atempera
su música de fuego y la acompasa.

El mirlo no comprende lo que pasa.
En la sombra, asombrado, desespera;
o acaso sí lo entiende, y sólo espera
que sea real la brisa de la brasa.

Pues la brasa del sol es brisa ahora.
Una torre lejana da la hora
de la quietud, y su temblor lo dice.

Y el mirlo canta sin melancolía
que la tarde es un lienzo de armonía,
Y el ala del arcángel lo bendice.

ESTE VIOLÍN

Con Francesco Corcelli

Fantasmal y sonoro llegas desde el olvido.
¿Dónde estabas, maestro? Yo no te conocía.
Tu música entrañada tristea mi alegría,
alegra mi tristeza, como mirlo en su nido.

¿Alguna vez oíste al mirlo enternecido
arrullar a su hembra, en la fronda sombría?
Su silbo es una leve, sencilla melodía,
pero guarda en sus notas un temblor compartido.

Este violín que ahora llueve de luz süave
mi madrugada insomne, dice lo que no sabe
decir a su manera la densa oscuridad.

Y todo se va haciendo temoso y compañero,
manso rumor de plumas, mago acorde postrero,
y aleteando, lenta, se va la soledad.

DE LA AUSENCIA

Todo está blanco, miércoles y enero.
Detrás de la mañana estremecida,
va sonando la música escondida
de un violín irreal y verdadero.

La puedo silenciar, pero no quiero.
Duele porque una ausencia repetida
suele arañar por dentro de la vida,
mas sé que su dolor es pasajero.

Mira, ha salido el sol y la arboleda
se sacude su túnica de seda
y ya verdea como verdeaba.

Y el corazón, que se marchara un día,
de nuevo regresó dónde solía,
y ahora descansa donde descansaba.

2

En mi soledad,
recuerdo cosas vividas
que no son verdad.

C. M.

SIN RELIEVE

El pensamiento no tiene relieve.
Te pienso, y el perfil de tu figura
es apenas el de una criatura
fantasmal, que ni habla ni se mueve.

Estás, pero no estás. Y llora y llueve
un agua que ni cala ni perdura.
Busco una luz y es demasiado oscura
para alumbrar tu sombra, y no se atreve.

La soledad, esa desconocida
que tan bien me conoce, no me olvida
y se pone otra vez en movimiento.

Y todo es ya vacío y polvo y nada,
ni siquiera ceniza enamorada,
pues no tiene relieve el pensamiento.

DESDE EL SUEÑO

He soñado dos puertas con cristales quebrados.
Detrás, sólo un teléfono y una cierva dormida.
No sé si aquello era una casa o un bosque
donde anidan los últimos autillos de la angustia.

He cogido el teléfono y he marcado tu número.
Ahora estoy despierto, pero nadie responde.
En la cocina encuentro cristales esparcidos,
una ventana rota y un olor a otro tiempo.

Esa casa, ese bosque tiene largas estancias
colmadas de relojes sin péndulos ni agujas,
dos puertas que no cierran, dos llaves que no existen.

Llegas como la noche, es decir, sin ruido.
Cazadora de sombras, te siguen tres lebreles.
Rastrean los olvidos que vas dejando atrás.

DE LA SIRENA QUE EL POETA VIO EN UNA VITRINA DEL CRUCERO EN EL QUE VIAJABA

A bordo del `Seashore´

En un rincón donde el pasillo gira
hacia el gran ventanal que el mar refleja,
sumisa y dócil, y sin una queja,
sonríes amorosa a quien te mira.

Eres una sirena de mentira,
pero tu gran belleza te asemeja
a aquella que hechizaba a su pareja
con los magos acordes de su lira.

El cristal que te guarda hace de espejo
que me duplica, y aunque, infiel, me alejo,
es como si mi sombra se quedara

prendida para siempre en esta esquina,
cerca de ti, muchacha submarina,
Y yo en tu soledad te acompañara.

PARA ELICE, CON MÚSICA DE RÉQUIEM

Elice Cowen, in memoriam

Que te dejen entrar, vienes cansada.
Abres la habitación de los suicidas
y allí, donde sollozan tantas vidas,
puede quedar la tuya abandonada.

Tenías veintinueve años. Hada
de un cuento con las páginas perdidas,
ves cómo van lamiendo tus heridas
los negros perros de la madrugada.

Poeta con la muerte entre los brazos,
niña con la esperanza hecha pedazos
en la desolación de la certeza.

Aprendiste a vivir y lo olvidaste.
Leo los pocos versos que dejaste
y ya todo es ceniza y es tristeza.

HOMENAJE A UNA PIEDRA DE MOLINO

Un molino. Una piedra. Una vereda.
Un molino fantasma, pues no existe.
La piedra, sí, la piedra aún resiste;
de todo lo que fue, sólo ella queda.

Caradeluna al borde de la olmeda,
cíclope derribado y yerto, insiste
en perdurar, pero se sabe triste
porque no volverá a girar su rueda.

Hoy crucé esa vereda intransitada
y de improviso atrajo mi mirada
el homenaje de una mano amiga:

encima de la piedra y de su olvido,
alguien había dejado, agradecido,
una aceituna verde y una espiga.

MUCHACHA EN UNA CUEVA

Dices, mejor susurras, «Estoy en una cueva».
Entro y braceo, torpe, en esa oscuridad.
No distingo tu sombra, no distingo en la sombra
tu contorno, tu forma, el bulto de tu cuerpo.

Algo blando resbala entre mis pies, y sigo.
Algo aletea a mi espalda, y entonces me detengo.
Una mano indecisa pinta de negro el aire,
las posibles paredes, lo que era negro ya.

Hallo unos escalones y desciendo despacio.
Hay un rumor extraño, como si respirase
el pecho lastimado de la desesperanza.

Estoy cerca de alguien que se mueve en silencio,
o que, inmóvil, sostiene retazos de memoria,
y comprendo de golpe que la cueva eres tú.

PUEBLO DE CASTILLA

Llegamos, y el silencio nos recibe.
Las calles están solas. La mañana
es fría. Ni siquiera una ventana
se abre a nuestro paso. Nadie vive

aquí, pero una mano de humo escribe
palabras de abandono y de desgana.
Cruza un pájaro triste. Una campana,
resonando lejana, sobrevive.

¿En qué torre, en qué iglesia, en qué plazuela?
He de reconocer, aunque me duela
que este es un pueblo desaparecido.

Tuvo esquinas, tejados y paredes.
Dime cómo se llama, si es que puedes.
Si tiene un nombre debe ser Olvido.

UN HOMBRE

Arcos, 1939

Llegó –¿cómo? ¿de dónde?– hasta mi puerta.
Un cansancio infinito le vencía.
La calle nueva, al sol del mediodía
permanecía cálida y desierta.

La puerta de mi casa estaba abierta
y en el patio el jazmín se estremecía.
Aquel bulto, aquel hombre, algo pedía
con una voz desamparada y yerta.

Mi madre preparó un caldo caliente
y yo se lo acerqué tímidamente.
Lo cogió con cuidado, pues quemaba.

Dormido se quedó mientras bebía.
Luego supe que no despertaría.
De hambre y dolor España agonizaba.

SONETO A UN CRISTO ROTO

Apareció entre el polvo y el olvido
de un viejo armario de la sacristía;
su rostro, lastimado, mantenía
vivo el recuerdo de lo padecido.

El brazo, descolgado, suelto, hería
la indiferencia, aun estando herido;
el pie llagado, andaba, destruido,
hacia la luz donde nos conducía.

Esa luz que reúne sus pedazos
y le hace uno y trino, en la foscura
de aquel mismo rincón donde yacía.

Ahora puede abrazar y sus abrazos
nos redimen de tanta desventura,
aunque Él siga expirando todavía.

LA FOTOGRAFÍA

Hoy he encontrado una fotografía.
Sentado en un cojín y sonriendo,
hay un niño descalzo sosteniendo
algún jirón de su juguetería.

¿Dos años, tres? Aún no se conocía.
Ni tan siquiera estaba descubriendo
que era algo grato, que era un ser latiendo,
un puñado de amor y de alegría.

¿Quién es? ¿Soy yo? ¿Uno de mis hermanos?
Confieso, con su sombra entre las manos,
que su luz me ha tocado el corazón.

¿Cómo se llama? ¿Cómo se llamaba?
Voy a dejarlo donde me esperaba,
y que siga feliz en su rincón.

ESE GATO

El gato que está triste y azul
sabe que en mi alma una lágrima hay.

De una canción Roberto Carlos

Vino hasta mí con su pisar furtivo.
Yo no sé si está azul, pero está triste.
Vino la misma noche que te fuiste,
y ahora curiosea lo que escribo.

Lo veo desconfiado y fugitivo.
Como el viento, parece que no existe;
quiero decir que aunque jamás lo viste
es a un tiempo tan noble como esquivo.

Porque esto más que un gato es una sombra
que me conoce bien y que me nombra.
Lo ha hecho alguna tarde como ésta.

Oigo un rumor de olvidos por la casa
y le pregunto al gato qué me pasa.
Pero el gato no sabe. No contesta.

MUJER NEGRA DE MÁRMOL

A bordo del crucero `Fantasía´

Estaba a oscuras, sola y olvidada
en la cubierta siete. No tenía
ojos ni labios, pero parecía
que agradecía estar acompañada.

Pasé mi brazo por su espalda helada
y creí entonces que se estremecía.
Sé bien por qué recuerdo todavía
su extraña sensación de humanizada.

Detrás, un ventanal dejaba ver
–Génova hermosa en el anochecer–
el pálpito febril de la ciudad.

Y allí estará, rosa del mar inmenso,
ahora que, lejano ya, la pienso,
símbolo negro de la soledad.

NOCHE DE INSOMNIO

Me siento derrotado y sometido.
Hay un tremor de estrellas en el cielo.
La noche es como un pávido arroyuelo
que se dirige a lo desconocido.

Este claro silencio es un ruido
que rueda raudo y rompe en su revuelo
el redondo cristal del desconsuelo,
esa ventana abierta hacia el olvido.

Lo que fue, lentamente se hace hoy.
Desfilan sombras que aunque no son nada,
viven de nuevo en esta oscuridad.

Ahora no sé siquiera lo que soy,
mas sí que en brazos de la madrugada
estoy más solo que mi soledad.

ELLA

Sucedió antes de que yo naciera.
Estaba yo jugando a no saberme,
a no quererme, a no reconocerme,
y la encontré en mitad de la escalera.

Subía. O quizás bajaba. Era
esbelta y delicada. Dijo «Duerme».
Aún recuerdo que no pude valerme.
Y allí aprendí a dormir por vez primera.

Desperté en algún sitio. Ella no estaba.
Pero volvió, y vi que me ignoraba.
Sencillamente, me desconocía.

Ahora que los años van pasando,
he comprendido que me está esperando
en aquella escalera todavía.

DE LA MEMORIA Y EL OLVIDO

La memoria perfecta es el olvido
Jean Portante

La memoria perfecta es el olvido.
La dejas en la cómoda, en el suelo,
escondida debajo de un pañuelo
y lo vivido ha desaparecido.

Ya no sabes en quién te has convertido
y eso puede servirte de consuelo,
y provocar la lágrima y el duelo
inconsolable por lo que has perdido.

Y no has perdido nada: lo has ganado.
Has ganado quedarte sin pasado
y ser aquello que quisiste ser:

un hombre nuevo que ahora estrena el mundo.
(Aunque no ignoras que en lo más profundo
hoy sólo seas lo que fuiste ayer).

AL ESCONDITE

Cuando niño, jugabas a esconderte.
Te ocultabas detrás de un macetero,
de una silla cualquiera, de un perchero
un lugar en el que era fácil verte.

Estabas satisfecho de perderte,
de preocupar a los mayores, pero
a veces piensas que borrarte entero
era una forma de fortalecerte.

Todos fingían «¿Dónde estará Carlos?»
Y ahora que sabes bien cómo engañarlos,
prefieres olvidarte de ese juego.

No sea que carente de inocencia,
escondas a conciencia tu presencia
y nadie pueda ya encontrarte luego.

RESTOS

Escarbas en la noche como en una colina
que escondiera los restos de unas vidas de ayer
y encuentras unos rostros, un busto de mujer,
y un colgante de oro, astro de esa ruina.

Astro que no refulge, ni alumbra, ni ilumina.
Me duelen estas sombras que pretenden volver.
No siempre gana el tiempo lo que suele perder,
negra cueva de olvidos donde todo termina.

Y donde todo empieza. Porque el tiempo es así:
no lo ves, no lo tocas, no lo conoces y,
sin embargo, te tiene mordido el corazón.

De él nacen estos seres que hablan de madrugada,
no los rechaces, y hazles un sitio en tu almohada,
aunque no los recuerdes ni sepas quiénes son.

HABLA EL POETA, UNA VEZ MÁS, DEL TIEMPO

El tiempo, sabes, es nuestro enemigo.
Le digo «No eres nadie, no eres nada,
no existes, tiempo», pero no se enfada.
Le importa un bledo lo que yo le digo.

A veces, me propongo ser su amigo.
Elogio su prudencia, su avanzada
edad y, sobre todo, su callada
manera de servirnos de testigo.

Y advierto que no atiende, que me ignora.
Él conoce muy bien cuál es la hora
en que me ordenará «Deja de ser».

Le ruego que me escuche, que me absuelva,
que seremos amigos cuando vuelva.
Pero jamás me dejará volver.

SIN RECUERDOS

Si pudiera lavarme por dentro la cabeza
y colgar los recuerdos con ropa mojada
para que el viento oscuro, dios de la madrugada,
arrastrara muy lejos la angustia y la tristeza.

Sería un solo paso, mas por algo se empieza,
memoria arrepentida, memoria derrotada,
la que ayer fuera todo hoy es soplo de nada:
un amable regalo de la naturaleza.

Y aquí arriba un espacio, una ausencia, un vacío,
un amago de túnel silencioso y sombrío.
Estos restos de olvido no sé dónde dejarlos.

Y de pronto amanece. ¿Dónde estás? ¿Dónde estoy?
¿Quién se asoma a mis ojos? ¿Quién es éste? ¿Quién soy?
Hubo una vez un hombre que se llamaba Carlos.

PONIENTE

Cuando estás solo, y piensas, y el poniente
es el vago alentar de un sol muriendo,
y analizas tus años y vas viendo
que nada ha sido igual, ni diferente,

cuando en tus lentos ojos, de repente,
una implacable sombra está diciendo
que no, que nunca más, y repitiendo
que aunque haya sed, ya se secó la fuente.

Lúcido, entonces, miras lo vivido
y sabes que eres un jirón de olvido
que muy pronto se hará realidad.

Y echa a volar la noche su paloma,
mientras que tu esperanza se desploma.
Y sólo queda en pie la soledad.

ÉL

Alguien mira a través de la ventana.
Me acerco, mas no hay nadie. Un ave vuela
y deja tras de sí una oscura estela
que parte en dos la luz de la mañana.

Una luz que vacila y se amilana.
Alguien mira a través de la cancela.
Alguien que es nadie, pero desconsuela
comprobar su presencia tan cercana.

Presencia que es ausencia y agonía.
La casa en la que sueño está vacía
y hay alguien que no cesa de llamar.

Es él, lo sé, me he reconocido.
Quiere entrar en la casa en que he nacido.
Pero soy yo quien no me deja entrar.

NUNCA

Vuelvo a mi tierra y busco cobijo en un olivo.
El sol está muy alto, quema, pero no abrasa.
Mi madre toca a Schubert en la sala de casa
y el tiempo es solamente un corzo fugitivo.

Aquí no queda nadie. El cuarto en donde escribo
tiene una luz de entonces que impasible traspasa
las paredes desnudas. Y hay un reloj que atrasa.
Sueño que estoy viviendo donde ahora no vivo.

Oigo una voz lejana que despacio me nombra,
aunque yo no respondo, lo hace apenas mi sombra.
Alguien barrió al descuido las cenizas de ayer.

Ese olivo, esa casa, ese piano triste
que suena todavía, pero que ya no existe,
dicen que lo que ha sido nunca volverá a ser.

EL FANTASMA

Hoy ha venido a verme quien no ve.
Guarda en los ojos una lumbre oscura.
Late porque lo alienta mi ternura.
Se llama de algún modo que no sé.

Le cuesta mucho mantenerse en pie;
es una sombra, no una criatura;
se niega a conversar, sólo murmura.
Lo que murmura nunca lo diré.

Ignoro si es amigo o enemigo,
ni ayuda, ni amenaza, fiel testigo
de lo que va a ocurrir, o ya ocurrió.

No me inspira temor ni confianza,
y es mi esperanza y mi desesperanza.
Por eso pienso que tal vez soy yo.

NADA

Escribo ahora de los no nacidos.
¿Se sabe dónde están, en dónde esperan?
Quiero decir en dónde desesperan,
desamparados y desconocidos.

Viven en la región de los olvidos.
¿Viven? Eso sería si vivieran.
Si en vez de ser la misma nada, fueran
seres fugaces, pero concebidos.

Están, aunque no son. No tienen sombra.
Nunca tuvieron voz, nadie los nombra.
Si los soñaron, se desvanecieron.

Evadidos así del tiempo, crecen
y, ajenos e ignorados, permanecen.
No morirán porque jamás nacieron.

NADIE

Virgen de la Monjía. Una calle cualquiera.
Aquí tengo mis libros, aquí tengo mi casa.
El mediodía esplende y el sol de agosto abrasa,
y hay un árbol que ofrece su sombra a quien la quiera.

Cruzan niños y perros ladrando por la acera.
Una vez más mi anhelo de silencio fracasa.
De repente, estoy solo. ¿Qué hora es? Nadie pasa.
Abro mi puerta y entro, pero nadie me espera.

En una habitación –la del sueño– una cama
duerme junto a un teléfono, pero nadie me llama.
Inerme, reflexiono en esta oscuridad.

Carlos habrá salido, no ha vuelto todavía.
Suele siempre a estas horas buscar mi compañía.
No puede acostumbrarse a tanta soledad.

SOLO

Cansado una vez más de estar cansado
y en el sillón oscuro de la pena
veo como la tarde se envenena
de nubes negras y de viento airado.

Todo está lunes y desamorado.
Es como una condena, una cadena
de desamparo y soledad. Resuena
el tambor de la lluvia en el tejado.

Soy alguien que una vez estuvo vivo.
Ahora no. Pero tercamente escribo
de lo que soy y de lo que seré.

Yerto de ausencia y de melancolía
sigo hilvanando versos cada día
aunque no sé por qué ni para qué.

CENIZA

Tu caminar te lleva a la ceniza.
Esto es una condena, no un camino.
La ceniza final es el destino
en el que el ser humano se eterniza.

Cuanto eres, inerme se desliza
hacia un abismo, lento o repentino,
pero seguro, mágico molino
que, al fin, todo lo iguala y armoniza.

Y por eso de ti no queda nada.
Fuiste -breves segundos- una sombra
que, inocente, creía haber vivido.

Ahora, en tu soledad desamparada,
eres un nombre que ya nadie nombra,
envuelto en la ceniza del olvido.

CARLOS MURCIANO
Y EL SONETO

Nueve opiniones y un poema

«Carlos Murciano es más que un maestro de los sonetistas de este siglo, hermano sin demérito de los que escribieron sonetos en siglos áureos. ¡Cuánta riqueza verbal e idiomática que nunca menoscaba la profundidad del concepto! ¿Y qué decir del dominio y soltura de la forma dentro de su rigor métrico? Maestría y perfección inigualables».

CONCHA ZARDOYA

«Carlos Murciano no es un sonetista: es el soneto de la segunda mitad del siglo XX».

LEOPOLDO DE LUIS

«Toda la obra poética de Carlos Murciano alcanza el más alto nivel: no en vano se cuenta entre los más importantes poetas de nuestro tiempo. Pero podría asegurarse que en esa obra descuella la perfección de sus sonetos. Sin duda, Carlos Murciano está emparejado, como buen sonetista, con un Lope o un Quevedo».

JOSÉ JAVIER ALEIXANDRE

«Aunque siempre pensé que Carlos Murciano era uno de nuestros maestros del soneto, hoy me parece que podríamos estar hablando del mejor sonetista vivo».

LUIS FERNÁNDEZ ROCES

«Carlos Murciano es un maestro, un caballero del soneto, un rey de trono indisputable... La poesía de España le sabe su orgullo».

ALFONSO LARRAHONA KASTEN

«En los sonetos de Carlos Murciano se dan cita la perfección formal y la esencialidad poética. El ritmo de los acentos, la suavidad de la consonancia y la elegancia del concepto, convierten cada uno de ellos en una inolvidable expresión de sensibilidad y belleza».

MARIO ANTOLÍN PAZ

«Sonetos como los de Carlos Murciano, ya en endecasílabos, ya en alejandrinos, son eternos».

RAFAEL GUILLÉN

«Carlos Murciano es un clásico. (En sus sonetos) hay el placer de vivir y de contemplar, como pudieron hacerlo Villamediana, Lope y tantos otros. Él está entre ellos».

ARCADIO PARDO

«Carlos Murciano es el primer sonetista del reino».

JOSÉ CERVERA PERY

SONETO JOVIAL PARA CARLOS MURCIANO

Tras leer su *Antología de sonetos*

No hay sonetista como tú en la Historia
(si acaso, don Francisco de Quevedo).
Yo quiero serlo como tú y no puedo
por muchas vueltas que le dé a la noria.

Escribes los sonetos que da gloria
y a mí, buen sonetista, me da miedo
compararme contigo, que me quedo
recitando los tuyos de memoria.

Que cuando seas «polvo enamorado»
dirá en tu biografía un asterisco:
«...Además, fue el más grande sonetista...»

Que yo te tengo ya catalogado
y, si no se enfadara don Francisco,
te pondría el primero de la lista.

José María Fernández Nieto

ÍNDICE

Esta obra poética de

CARLOS MURCIANO

se terminó de componer

en las colecciones de

la editorial

ARS POETICA

en el día 17 de

febrero de

2025,

aniversario

del nacimiento de

Gustavo Adolfo Bécquer.